um presente de:

....

para:

....

OS MAIS BRILHANTES PENSAMENTOS DE MAX LUCADO

tome um cafezinho com o maior autor de livros de inspiração do mundo

THOMAS NELSON BRASIL

Editor Responsável
Nataniel dos Santos Gomes
Supervisão Editorial
Clarisse de Athayde Costa Cintra
Produtora Editorial
Bárbara Gomes Coutinho
Tradução
Érika Koblitz Essinger
Adaptação de capa, projeto gráfico e diagramação
Valter Botosso Jr
Copidesque
Norma Cristina Guimarães Braga
Revisão
Margarida Seltmann
Magda de Oliveira Carlos Cascardo
Cristina Loureiro de Sá

CIP-BRASIL. CATALOGAÇÃO NA FONTE
SINDICATO NACIONAL DOS EDITORES DE LIVROS, RJ

L965c

Lucado, Max, 1955-
Os mais brilhantes pensamentos de Max Lucado - Tome um cafezinho com o maior autor de livros de inspiração do mundo/tradução Érika Koblitz Essinger. - Rio de Janeiro: Thomas Nelson Brasil, 2008.

Tradução de: Mocha with Max
Inclui bibliografia
ISBN 978-85-6030-375-5

1. Vida cristã - Meditações. 2. Liderança cristã. 3. Literatura devocional. I. Título.

08-2823. CDD: 242
CDU: 244

09.07.08 10.07.08 007569

SUMÁRIO

PREFÁCIO

precisa de uma palavra de encorajamento? Procurando por uma história engraçada? Curioso sobre o que está acontecendo na vida das pessoas? No local de trabalho, todo mundo sabe o que fazer nessas horas: tomar café na cozinha dos funcionários.

No decorrer do dia, secretárias, pastores, estagiários, funcionários de manutenção, todos estarão ali para conversar e relaxar. É quando nos reunimos não apenas para uma simples xícara de cafeína... mas estamos sedentos por uma xícara de companheirismo.

Oro para que este pequeno livro conduza você a alguns momentos de satisfação com o Pai.

Puxe uma cadeira. Desligue-se de tudo que possa perturbar sua atenção.

Tome um bom gole, sem se preocupar com o tempo. Beba uma xícara por mim!

capítulo um

vamos falar sobre VOCÊ por um minuto...

Coffee

Deus se importa com você. Seus pais podem tê-lo esquecido, seus professores podem tê-lo negligenciado, seus filhos podem ter vergonha de você, mas no alcance de suas orações está aquele que criou os oceanos: Deus!

Deus se importa com você. Não "deve se importar", não "se importou um dia", não "se importaria", mas "Deus se importa"! Hoje. Neste momento. Neste minuto. Não é preciso esperar na fila ou voltar amanhã. Ele está com você. Não poderia estar mais próximo do que neste segundo. A lealdade dele não vai aumentar se você for melhor nem diminuir se você for pior. Ele se importa com você.

Seu propósito pode ser tomado de você ou o seu valor pode ser diminuído? Não.

Ninguém pode abatê-lo.

Deus se importa com você.

Deus ama você simplesmente porque assim escolheu.

Ele o ama quando você sente que não merece ser amado.

Ele o ama quando ninguém mais ama.

Enquanto outros o abandonam e ignoram, Deus irá amar você. Sempre. Em qualquer situação.

Chamarei "meu povo" a
quem não é meu povo;
e chamarei "minha amada"
a quem não é minha amada.

Romanos 9:25

No romance *Sweet Thursday*, John Steinbeck nos apresenta a Madame Fauna, personagem que administra um bordel e tem preferência por uma prostituta chamada Suzy. Madame Fauna arranja um encontro para Suzy com um homem de verdade, não um cliente. Compra para Suzy um vestido bonito e a ajuda a se arrumar para a noite. Quando Suzy está saindo, comovida com a gentileza de Madame Fauna, resolve perguntar:

— Você fez tanto por mim. Há alguma coisa que eu possa fazer por você?

— Sim — responde a mulher mais velha. — Você pode dizer: "Eu sou Suzy e mais ninguém."

Suzy assim o faz. Então Madame Fauna pede:

— Agora diga: "Eu sou Suzy e eu sou algo bom."

E então Suzy tenta:

— Eu sou Suzy, e eu sou algo... — E Suzy começa a chorar.

Deus não gostaria de ouvir de você as mesmas palavras? No livro dele, você é algo bom. Seja bom consigo mesmo. Deus acha que você vale a bondade dele. E ele julga bem o caráter.

33
Birmingham
16 dez 19
Querida Amanda
Bem, depois de muito
pensar, estou novamente
em casa.
Mrs. Amanda Sutton
Mt. Pleasant
Tennessee

Deus ama você.

Pessoalmente.

Poderosamente.

Apaixonadamente. Outros
prometeram e falharam.
Mas Deus prometeu e teve
sucesso. Ele ama você
com um amor leal.

DEUS EM SEU INTERIOR

No ensino médio, meu irmão e eu andávamos em um Rambler 1965. A lata velha tinha tanto glamour quanto o Forrest Gump: três marchas, comando no bloco, bancos cobertos com plástico, sem ar-condicionado.

E, ah, o motor. Nosso cortador de grama tinha mais força. A velocidade máxima do carro, descendo ladeira com vento a favor, era de cinqüenta milhas por hora. Até hoje eu tenho certeza de que meu pai (um mecânico experiente) pesquisou o carro mais lento possível e comprou para nós.

Quando reclamamos do estado lastimável do presente, ele apenas sorriu e exclamou:

— Consertem.

Fizemos o melhor que podíamos. Limpamos os carpetes, borrifamos aromatizante nos bancos, colamos um símbolo da paz na janela de trás e penduramos dados no espelho retrovisor. Retiramos as calotas e pintamos os aros de preto. O carro adquiriu uma aparência melhor, cheirava melhor, mas continuava correndo na mesma velocidade. Continuava uma lata velha — com certeza uma lata velha limpa, mas uma lata velha.

Não pense nem por um milésimo de segundo que Deus faz isso com você. Lavar o exterior não é suficiente para ele. Ele fortalece nosso íntimo. Ou melhor, ele se coloca no íntimo.

" Melhore isso. "

Tu criaste o íntimo do meu ser e me teceste no ventre de minha mãe.

salmo 139:13

pense nestas palavras. Você foi tecido. Você não é um acidente. Você não foi produzido em massa. Você não é um produto de uma linha de montagem. Você foi deliberadamente planejado, especialmente dotado, posto com amor neste mundo pelo Artesão Mestre.

Em uma sociedade que não suporta perda de tempo, esta é uma boa notícia. Em uma cultura em que a porta da oportunidade se abre apenas uma vez e depois se fecha com violência, isto é uma revelação. Em um sistema que gradua o valor de uma pessoa pelo salário ou pela forma de suas pernas... deixe-me dizer uma coisa para você: essa é uma razão para alegrar-se!

0202401
0202401

Deus vê sua vida da mesma forma que você vê um filme depois de já ter lido o livro. Quando algo ruim acontece no filme, parece que falta ar dentro do cinema. Todos ficam sem ar diante do momento tenso na tela. Você não. Por quê? Você leu o livro. Você sabe como o mocinho se livra do momento difícil. Deus vê sua vida com a mesma confiança. Ele não apenas leu sua história... ele a escreveu. A perspectiva dele é diferente, e a proposta dele é clara.

"Porque sou eu que conheço os planos que tenho para vocês", diz o SENHOR, "planos de fazê-los prosperar e não de lhes causar dano, planos de dar-lhes esperança e um futuro."

Jeremias 29:11

seu lugar no céu era mais
importante para cristo que o
lugar dele no céu. assim, ele
desistiu do lugar dele para que
você pudesse ganhar o seu.

capítulo dois

o que é a vida sem a ALEGRIA e a MÚSICA?

POST CARD
THIS SIDE FOR THE ADDRESS
Nunca deixe o seu amor
pelo pôr-do-sol

BRINQUE MUITO, RIA MUITO

A hora de ir para a cama é um momento ruim para as crianças. Nenhuma criança entende a lógica de ir para a cama enquanto ainda há energia de sobra em seu corpo ou horas sobrando em seu dia.

Minhas filhas não são uma exceção. Alguns anos atrás, depois de muita objeção e muitos muxoxos, as meninas estavam finalmente com suas camisolas, em suas camas, as cabeças nos travesseiros. Entrei no quarto para dar-lhes um beijo de boa-noite. Andrea, com cinco anos de idade, estava quase adormecendo, mas ainda continuava acordada. Depois que a beijei, ela abriu os olhos por mais um momento antes de exclamar:

— Quero acordar logo!

Ah, a atitude de uma criança de cinco anos de idade! A simples e livre paixão por viver que não pode esperar até amanhã. Uma filosofia de vida que diz: "Brinque muito, ria muito, e deixe as preocupações para seu pai." Um poço sem fundo de otimismo alagado por uma fonte perpétua de fé.

É a naturalidade e não a singularidade dos milagres de Deus que os fazem ser tão maravilhosos. Ao invés de chocar o mundo com uma demonstração ocasional de divindade, Deus optou em mostrar seu poder diariamente. Fazendo ondas. As cores em um prisma. Nascimento, morte, vida. Estamos rodeados de milagres. Deus nos envia testemunhos como fogos de artifício, cada um deles explodindo: "Deus é! Deus é!"...

Da próxima vez que você ouvir um bebê sorrindo ou vir uma onda no oceano, registre. Pare e ouça como sua majestade sussurra de forma tão gentil: "Eu estou aqui."

caffe
Coffee

Deus quer que você ouça a música dele.

Essa música tem um ritmo que irá acelerar seu coração e letras que farão brotar lágrimas de seus olhos. Que tal uma jornada às estrelas? Deus pode levar você lá. Você quer se deitar em paz? A música dele pode aliviar sua alma.

Mas, primeiro, é preciso se livrar de toda aquela coisa sertaneja. (Perdoem-me, Chitãozinho e Chororó. Apenas um exemplo.)

Então Deus começa a jogar fora todos os CDs. Um amigo vai embora. O emprego vai mal. Sua esposa não entende. A igreja é monótona. Ele remove suas opções uma a uma até que tudo o que lhe reste seja ele mesmo.

Deus fará isso? Certamente. "Pois o Senhor disciplina a quem ama, e castiga todo aquele a quem aceita como filho" (Hebreus 12:6). Se for necessário silenciar todas as demais vozes, ele o fará. Ele quer que você ouça a música dele. Ele quer que você descubra o que Davi descobriu e que você veja o que Davi viu.

"Você está comigo."

Sim, Senhor, tu estás no céu e governas o universo. Tu te assentas nas estrelas e fazes tua casa nas profundezas. Mas sim, sim, sim, estás comigo.

O Senhor está comigo.

"Deixe frouxo."

QUER MUDAR SEU MODO DE CANTAR?

Quando contemplamos Cristo, nós nos tornamos semelhantes a ele.

Eu tive a experiência deste princípio em primeira mão quando um cantor de ópera visitou nossa igreja. Não tínhamos idéia da perfeição da técnica dele. Sua aparência não impressionava: em vez de smoking, faixa ou gravata de seda, usava um casaco de tecido canelado e mocassins. Mas a voz, essa, sim, era muito impressionante. Vi-me surpreso. Ele estava no banco atrás do meu.

O seu vibrato fazia as dentaduras chacoalharem e as telhas tremerem. Ele tentava conter-se. Mas como pode uma tuba se esconder em uma sala de flautins?

Por um momento eu fiquei em choque. Mas um verso da canção me tirou do estupor. Encorajado pelo volume dele, aumentei o meu. Cantei melhor? Nem eu mesmo conseguia me ouvir. Meus gorjeios se perderam em seu talento. Mas tentei com mais afinco? Sem dúvida. Seu poder trouxe o melhor de mim.

Poderia o seu mundo usar um pouco de música? Se pode, convide o barítono do céu a soltar-se. Ele pode parecer tão comum quanto o seu vizinho, mas espere até você ver o que ele pode fazer. Quem sabe? Umas poucas músicas com ele podem mudar sua forma de cantar.

Para sempre.

Amor, felicidade, paz, paciência, bondade, generosidade, lealdade, delicadeza e autocontrole. A estes eu confio meu dia. Se eu obtiver sucesso, agradecerei. Se falhar, procurarei sua graça. E então, quando este dia terminar, porei minha cabeça no travesseiro e descansarei.

instantes eternos. Você já os teve. Nós todos os tivemos.

Dividir um balanço na varanda em uma tarde de verão com seus netos.

Contemplar o rosto dela iluminado pela luz de uma vela.

Dar o braço a seu marido enquanto vocês passeiam pelas folhas douradas e respiram o ar vigoroso do outono.

Ouvir a oração do filho de seis anos que agradece a Deus por tudo, desde o peixinho dourado até a vovó.

Tais momentos são necessários porque nos lembram de que tudo está bem. O Rei continua no trono e a vida continua valendo a pena ser vivida. Instantes eternos nos lembram que o amor continua sendo a maior posse e que não há nada a temer no futuro.

Quando sentir que se aproxima um instante eterno em sua vida, deixe-o vir.

Deus irá encher seu mundo de flores. Ele entrega em sua porta, diariamente, um buquê em mãos. Abra-o! Aceite-o!

Daqui a uma hora vou para a cozinha de Denalyn checar os acompanhamentos do jantar como um labrador fareja uma aventura de caça. Quando ela não está olhando, belisco um pedaço. Uma mordidinha no peru, uma colherada do chilli, a ponta do pão... beliscar antes do jantar ativa o apetite.

É assim também com as amostras da cozinha do céu. Há momentos, talvez bem poucos, em que o tempo se evapora, surge uma alegria fina e o céu o surpreende com um *tira-gosto*.

- Seu bebê recém-nascido finalmente descansa. Contemplando-o sob a luz âmbar de uma lua à meia-noite, você passa os dedos com leveza pelos pequenos olhos adormecidos e pensa: *Você é um presente de Deus para mim?* Um sabor da vinícola do céu.

- Você está totalmente absorto em um trabalho que ama fazer, algo perfeito para seus talentos. Quando se afasta do quadro ainda molhado, do

Não podemos achar
um lugar onde
Deus não esteja.

jardim trabalhado ou do motor V-8 reconstruído, a satisfação flui como um bom gole d'água, e o anjo pergunta: "Outro aperitivo?"

• A letra do hino expressa em palavras o que você não conseguiria dizer, e por um momento, um momento esplêndido, não existem guerras, feridas ou impostos. Apenas você e Deus, com uma segurança silenciosa de que tudo está bem com o mundo.

capítulo três

o que o AMOR tem a ver com isso?

O amor de Deus transformou a mulher samaritana.

Trata-se de alguém muito vulnerável. Em primeiro lugar, discriminada. É samaritana, odiada pelos judeus. Em segundo, vítima de machismo. É uma mulher tratada como inferior pelos homens. Terceiro, é divorciada, não uma vez, nem duas. Vamos ver se conseguimos contar. Quatro? Cinco? Cinco casamentos naufragaram, e agora ela divide a cama com um homem que lhe prometeu aliança.

Visualizo-a, modernamente, como uma freqüentadora de happy-hours que vive com seu companheiro bêbado. Voz rouca, hálito de cigarro, um vestido decotado e curto. Certamente não era um dos melhores exemplos da Samaria. De modo algum você a escalaria para ministrar um curso bíblico para mulheres.

Isso é o que torna a atitude de Jesus ainda mais surpreendente. Ele não apenas a escalou para o curso, mas lhe deu a tarefa de evangelizar toda a cidade. Antes do entardecer, ouve-se sobre um homem que diz ser Deus. "[...] Ele me disse tudo o que tenho feito" (João 4:39), conta a mulher, deixando subentendido o óbvio, "e me amou mesmo assim".

Um pouco de chuva pode reerguer o talo de uma flor. Um pouco de amor pode mudar uma vida.

por que as pessoas amam você? Às vezes, por detalhes como as covinhas que aparecem em seu rosto quando você sorri, por seu charme particular quando você flerta. Às vezes, apenas porque você é você. Porém, Deus não. Ele ama você porque ele é ele. Ele decidiu assim. Autogerado, sem causa e espontâneo, assim é o amor constante de Deus, dado segundo a livre vontade divina.

Deus oferece amor autêntico. Sua devoção é um fato. Mas, para devotar-lhe esse amor genuíno, ele pede que você abra mão das imitações.

AMOR PERFEITO

O amor perfeito é isto: um conhecimento perfeito do passado e uma visão perfeita do futuro.

Você não pode chocar Deus com suas ações. Deus jamais reagirá a seus atos com murmúrios entrecortados: "Opa, você viu o que ela acabou de fazer?" Jamais comentará com seus anjos, lamentando: "Se eu soubesse que Max iria vir tão cabeça dura, eu não teria salvado sua alma." Deus conhece toda a sua história, da primeira palavra ao último suspiro, e com acesso livre declara: "Você é meu."

Reação similar é a da minha editora com este livro. Antes da publicação, meu texto é lido minuciosamente. Múltiplos pares de olhos editoriais varrem o manuscrito, queixando-se de minhas piadas sem graça, medindo minhas palavras, sugerindo uma retificação aqui e uma ajeitada ali. As páginas vêm e vão, do escritor para o editor e de volta para o escritor, até que finalmente todos nós concordamos — está pronto. É hora de publicar ou deixar passar. A editora podia deixar passar, acredite. Às vezes isso é feito. Mas, nesse caso, obviamente eles publicaram. Com perfeito conhecimento deste produto imperfeito, eles assinaram embaixo. O que você lê pode surpreendê-lo, mas não a eles.

O que você faz pode chocar você mesmo, mas não a Deus.

Com perfeito conhecimento da sua vida imperfeita, Deus assinou embaixo.

Dessa forma o amor está aperfeiçoado entre nós, para que no dia do juízo tenhamos confiança, porque neste mundo somos como ele. No amor não há medo; ao contrário, o perfeito amor expulsa o medo, porque o medo supõe castigo. Aquele que tem medo não está aperfeiçoado no amor.

1 João 4:17,18

Todos nós precisamos crescer, mas não precisamos cortejar o amor de Deus. Mudamos porque já temos o amor de Deus.

O amor *perfeito* de Deus.

DEUS ADORA ESTAR COM AQUELES QUE AMA

Uma família de esquilos fez sua casa nas raízes de uma árvore ao norte do meu escritório. Nós já somos vizinhos há três anos. Eles me espiam quando trabalho no computador. Eu os vejo armazenar suas nozes e subir no tronco. É um mútuo entretenimento. Eu poderia ficar olhando para eles o dia inteiro. Às vezes, fico.

Mas nunca considerei me tornar um deles. O mundo dos esquilos não exerce apelo nenhum a mim. Quem quer dormir ao lado de um peludo roedor com olhos grandes e redondos? (Às leitoras: melhor não falar nada se vocês já acham que seus maridos são assim.) Trocar as Montanhas Rochosas, a pesca fluvial, o casamento, as gargalhadas por um buraco no chão e uma dieta de nozes sujas? Não conte comigo.

Mas conte com Jesus. Que mundo que ele deixou. Nossa mansão mais luxuosa seria um tronco de árvore para ele.

A gastronomia mais requintada do mundo seriam nozes na mesa do céu. E a idéia de se tornar um esquilo com patas, dentinhos e uma cauda peluda? Não é nada comparado com Deus se tornando um embrião unicelular e entrando no útero de Maria.

Mas ele fez isso. O Deus do universo chutou as paredes de um útero, nasceu pobre como um camponês e passou sua primeira noite no cocho de uma vaca.

Por quê? Ele adora estar com aqueles que ama.

POST CARD
THIS SIDE FOR THE ADDRESS
Nisto consiste o amor: não em que nós tenhamos amado a Deus, mas em que ele nos amou e enviou seu Filho como propiciação pelos nossos pecados.
1 JOÃO 4:10

O amor [...]
suporta tudo.

1 coríntios 13:4-7

o amor percorre distâncias... e Cristo viajou da eternidade sem limites para o confinamento no tempo, para que se tornasse um de nós. Não era obrigado a isso. Poderia ter desistido a qualquer momento do caminho.

Quando viu o tamanho do útero, poderia ter parado.

Quando viu como suas mãos seriam pequeninas, como sua voz seria suave, como sua barriga sentiria fome, poderia ter parado. Na primeira brisa do estábulo fétido, na primeira rajada gelada de ar. A primeira vez em que ralou o joelho, assoou o nariz ou provou pão queimado, poderia ter virado as costas e ido embora.

Quando viu o chão sujo de sua casa em Nazaré. Quando José lhe ordenou a primeira tarefa. Quando seus colegas estudantes cochilavam durante a leitura do Torá, do Torá dele. Quando o vizinho disse seu nome em vão. Quando o fazendeiro preguiçoso colocou a culpa de sua péssima colheita em Deus. A qualquer ponto Jesus poderia ter resolvido: "Pronto! Chega! Estou indo para casa!" Mas ele não fez isso.

Não fez, porque ele é amor.

AMOR SELF-SERVICE?

Meus pais não eram grandes freqüentadores de restaurantes. É certo que em nossa pequena cidade não havia muito a freqüentar. O Dairy Queen oferecia os pratos mais sofisticados, e todo o resto se baseava daí para baixo. A principal razão, no entanto, era a praticidade. Por que comer fora quando você pode ficar em casa? Almoçávamos ou jantávamos fora apenas aos domingos e no máximo duas vezes por mês. Em geral, comíamos em casa.

E, toda vez que comíamos em casa, minha mãe dava as mesmas instruções ao meu irmão: "Coloque um pouquinho de cada coisa no seu prato."

Nunca precisaram nos dizer para limpar o prato. A quantidade de comida não era desafiadora. A variedade sim. Não me entenda mal, mamãe era uma boa cozinheira. Mas quiabo cozido? Aspargos? Estava mais para "qui-eca" e "nojo-pargus." Eram mesmo destinados a consumo humano?

De acordo com mamãe, eram sim, e — de acordo com mamãe — tinham que ser comidos. "Coma um pouco de tudo." Esta era a regra em nossa casa.

Mas esta não era a regra no self-service. Nas ocasiões especiais, pegávamos a estrada por 45 minutos rumo à maior inovação culinária desde o fogão a gás: a fila do self-service. Ah, que momento maravilhoso era pegar uma bandeja e checar as infindáveis opções. Uma verdadeira cornucópia da verdadeira cozinha. Você desce o corredor, enjoado dos pratos feitos e liberado para a liberdade. Sim para o peixe frito; não para os tomates fritos. Sim para a torta de nozes; não, não, um milhão de vezes não para o "qui-eca" e o "nojo-pargus". Filas de self-service são o máximo.

Não seria maravilhoso se o amor fosse como uma fila de self-service? Como seria se você olhasse para a pessoa com quem vive e selecionasse o que quer, deixando o que não quer de fora? E se os pais pudessem fazer isso com os filhos? "Escolho boas notas e sorrisos graciosos e rejeito a crise de identidade na adolescência e as cartinhas da escola."

E se as crianças pudessem fazer a mesma coisa com os pais? "Por favor, um prato cheio de permissões e moradia de graça, mas sem regras e hora para chegar, obrigado."

E marido e mulher? "Humm, que tal uma tigela de saúde e de bons modos. Mas transferência por trabalho, parentes e lavagem de roupas não estão em minha dieta."

Não seria maravilhoso se o amor fosse como uma fila de self-service? Seria mais fácil. Seria mais legal. Seria indolor e pacífico. Mas quer saber de uma coisa? Não seria amor. O amor não aceita poucas coisas. O amor está disposto a aceitar tudo.

Deus contempla o amor como minha mãe entendia a escolha dos alimentos. Quando amamos alguém, aceitamos o pacote completo. Sem escolher só o que é bom. Sem deixar de se servir do ruim. O amor é o pacote completo.

O QUE É O AMOR?

O amor é paciente, o amor é bondoso. Não inveja, não se vangloria, não se orgulha. Não maltrata, não procura seus interesses, não se ira facilmente, não guarda rancor. O amor não se alegra com a injustiça, mas se alegra com a verdade. Tudo sofre, tudo crê, tudo espera, tudo suporta. O amor nunca perece...

1 coríntios 13:4-8

Há alguns anos, alguém me desafiou a substituir a palavra amor nessa passagem pelo meu nome. Eu o fiz e me transformei em um mentiroso. "Max é paciente, Max é bondoso. Não inveja, não se vangloria; não se orgulha..." Já chega! Pare agora mesmo! Estas palavras são falsas. Max não é paciente. Max não é bondoso. Pergunte para minha esposa e para os meus filhos. Max pode ser um grande cabeça-dura! Este é o meu problema.

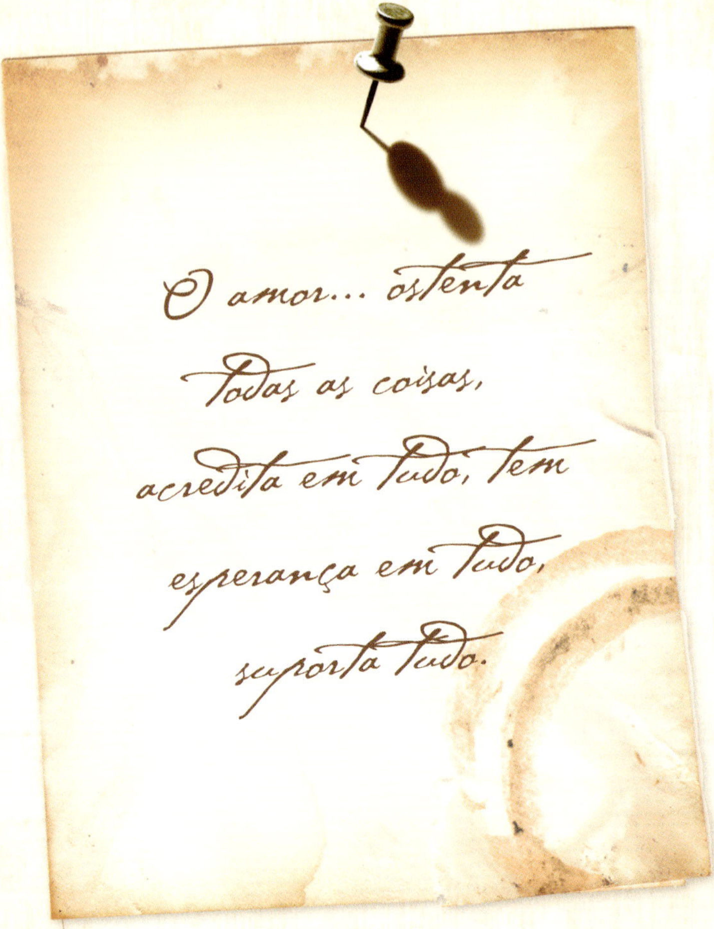
O amor... ostenta
todas as coisas,
acredita em tudo, tem
esperança em tudo,
suporta tudo.

E por anos este foi o meu problema com este parágrafo. Eu formei um padrão em que não podia me encaixar. Ninguém pode. Ninguém, isto é, exceto Cristo. Esta passagem não descreve o amor imensurável de Deus? Vamos inserir o nome de Cristo no lugar da palavra *amor*, e ver se soa verdadeiro.

Jesus é paciente, Jesus é bondoso. Não inveja, não se vangloria, não se orgulha. Não maltrata, não procura seus interesses, não se ira facilmente, não guarda rancor. Jesus não se alegra com a injustiça, mas se alegra com a verdade. Tudo sofre; tudo crê; tudo espera; tudo suporta. Jesus nunca perece.

Mais do que deixar essa passagem nos lembrar de um amor que não podemos produzir, deixe que nos lembre de um amor ao qual não conseguimos resistir — o amor de Deus.

você quer medir a profundidade do seu amor por alguém? o amor nunca celebra o infortúnio. Nunca.

O AMOR NUNCA CELEBRA O INFORTÚNIO

No verão que antecedeu meu nono ano do ensino fundamental, eu fiz amizade com um garoto chamado Larry. Como ele era novo na cidade, eu o encorajei a tentar entrar no nosso time de futebol americano da escola. Ele poderia conhecer alguns meninos e, por ser um garoto forte, poderia até mesmo fazer parte do time principal. Ele concordou.

O resultado foi um misto de notícias boas e ruins. A boa? Ele conseguiu entrar. A ruim? Ele conseguiu a minha posição. Fiquei arrasado, tentei ficar feliz por ele, mas foi bem difícil.

Poucas semanas depois do começo da temporada, Larry caiu da moto e quebrou um dedo. Eu me lembro do dia em que ele apareceu na porta da frente da minha casa com a mão enfaixada. "Parece que você vai ter que jogar no meu lugar."

Eu tentei ficar com pena dele, mas foi dureza. "Alegrem-se com os que se alegram; chorem com os que choram" (Romanos 12:15): fácil de dizer, difícil de fazer.

Deus nos ama por causa de nossa bondade? Por causa de nossa benevolência? Por causa de nossa enorme fé?

Não, ele nos ama por causa da bondade, benevolência e fé dele. Não é bom saber que Deus ama mesmo se nosso amor não é perfeito?

capítulo quatro

posso falar candidamente sobre PACIÊNCIA e TOLERÂNCIA?

PAI DA VELOCIDADE

Para alguns de vocês, a jornada tem sido longa. Muito longa e conturbada. Alguns de vocês têm fardos sobre os ombros que poucos de nós poderíamos carregar. Despediram-se de parceiros de uma vida. Tiveram seus melhores sonhos roubados. Receberam corpos que não podem sustentar seus espíritos. Têm esposas ou esposos que não toleram sua fé. Estão esmagados sob contas que vão além dos seus salários e desafios que vão além de suas forças.

E vocês estão cansados.

É difícil vislumbrar a cidade no meio da tempestade. A vontade de puxar o carro e sair da estrada é tentadora. Você quer continuar em frente, mas há dias em que o caminho parece longo demais.

Deixe-me encorajá-lo. Deus nunca afirmou que a jornada seria fácil, mas sim que a chegada seria compensadora.

Lembre-se disto: Deus pode não fazer o que você quer, mas fará o que é certo... e melhor.

Ele é o Pai da velocidade. Confie nele. Ele o levará para casa. E as provações da viagem se perderão nas alegrias do regozijo.

Corramos com perseverança a corrida que nos é proposta, tendo os olhos fitos em Jesus, autor e consumador da nossa fé.

Hebreus 12:1,2

FIXE SEUS OLHOS NO FILHO

Eu sou um corredor. Quase toda manhã, arrasto-me para fora da cama e vou para a rua. Não corro rápido. E, comparado a maratonistas, não vou muito longe. Mas corro. Corro porque não gosto de cardiologistas.

Enquanto as doenças do coração correm para pegar os membros de nossa família, eu corro pela vizinhança. Quando o sol está nascendo, eu estou correndo. E enquanto eu estou correndo, meu corpo dói; não quer cooperar. Sinto dor nos joelhos, meu quadril se enrijece, meus tornozelos reclamam. Às vezes, um transeunte ri das minhas pernas, e meu ego também dói.

A dor é geral. Assim, aprendi que tenho três opções. Voltar para casa. (Denalyn riria de mim.) Concentrar-me nas dores até começar a achar que migraram para o peito. (Pensamento agradável.) Ou posso continuar correndo e assistir ao nascer do sol. Minha trilha se inclina para o oriente, de modo que consigo um lugar de primeira fila para o milagre matinal de Deus.

Se eu contemplo o mundo de Deus ir do negro ao dourado, adivinhe? O mesmo acontece com minha atitude. A dor se esvai e as juntas se soltam, e antes que eu perceba, a corrida já passou da metade e a vida não está meio ruim.

Tudo melhora quando fixo meus olhos no sol.

A paciência é um fruto do espírito de Deus. Este fruto fica na árvore dos Gálatas:

Mas o fruto do Espírito é amor, alegria, paz, paciência, amabilidade, bondade, fidelidade.

Gálatas 5:22

uma das curas de Deus para a fé frágil? Uma boa e saudável batalha. Anos atrás, com minha família, visitei Colonial Williamsburg, uma recriação da América do século XVIII em Williamsburg, Virginia. Se você algum dia visitar o lugar, preste especial atenção no trabalho do artesão que trabalha com prata. O ourives coloca um lingote de prata em uma bigorna e o martela com uma marreta. Uma vez que o metal está plano o suficiente para ser modelado, vai para a fornalha. O trabalhador alternadamente esquenta e martela o metal até que tome o formato que ele possa usar.

Esquentando, martelando.
Esquentando, martelando.
Prazos, engarrafamentos.
Brigas, desrespeito.
Sirenes altas, telefones silenciosos.
Esquentando, martelando.
Esquentando, martelando.

Em inglês, o ourives que trabalha com prata é chamado *silversmith*. Você sabia que o termo *smith* que compõe a expressão vem da antiga palavra inglesa *smite*, que significa golpear? Se os ourives são perfeitos golpeadores, Deus também é. Uma vez satisfeito com o tamanho do utensílio a ser trabalhado, ele começa a alisar e polir. Usando martelos menores e pedras-pomes abrasivas, golpeia levemente, esfrega e decora. E ninguém o impede. Ninguém arranca o martelo de sua mão e diz "Pegue leve com esta prata. Você já a golpeou demais!" Não; o artesão golpeia repetidamente o metal até que esteja satisfeito com o resultado. Ouvi dizer que alguns ourives continuam polindo até que possam ver seus rostos na peça. Quando Deus irá parar? Quando vir seu reflexo em você.

você já sentiu necessidade de recolhimento? Jesus também.

"De madrugada, quando ainda estava escuro, Jesus levantou-se, saiu de casa e foi para um lugar deserto, onde ficou orando." (Marcos 1:35)

Já se viu assoberbado por tantas obrigações que não conseguia nem parar para almoçar? Ele pode relatar o mesmo.

"Havia muita gente indo e vindo, a ponto de eles não terem tempo para comer." (Marcos 6:31)

Você recebe tantos e-mails a ponto de não caberem na tela ou muitas ligações para fazer em um único dia? Cristo já esteve em situação semelhante.

"Uma grande multidão dirigiu-se a ele, levando-lhe os mancos, os aleijados, os cegos, os mudos e muitos outros, e os colocaram aos seus pés; e ele os curou." (Mateus 15:30)

E com relação à tensão familiar?

"Quando seus familiares ouviram falar disso, saíram para trazê-lo à força, pois diziam: 'Ele está fora de si'". (Marcos 3:21)

Seus amigos alguma vez já o decepcionaram? Quando Cristo precisou de ajuda, seus amigos cochilaram.

"[...] Vocês não puderam vigiar comigo nem por uma hora? [...]" (Mateus 26:40)

Quando você pede a ele por ajuda, ele corre para ajudá-lo. Por quê? Porque ele sabe como você se sente. Ele já passou por isso.

O amor é paciente.

1 Coríntios 13:4

A palavra grega usada para paciência é descritiva. Figurativamente, significa "levar um longo tempo para ferver." Pense em uma panela de água fervente. Que fatores determinam a velocidade da água para ferver? O tamanho do fogão? O utensílio pode ter uma influência, mas o fator primário é a intensidade da chama. A água ferve rapidamente quando a chama está alta. Ela ferve mais devagar quando a chama está baixa. A paciência "mantém a chama baixa".

Esclarecimento útil, não acha? A paciência não é ingênua. Não ignora o mau comportamento. Apenas mantém a chama baixa. Ela espera. Ela ouve. Demora a ferver. É assim que Deus nos trata. E, de acordo com Jesus, é assim que devemos tratar os outros.

Às vezes, a coisa mais divina que podemos fazer é tirar um dia de folga.

Alguns anos atrás, minha filha Andrea e eu nos aventuramos juntos em nossas bicicletas. Ela acabara de aprender a se equilibrar sobre duas rodas. Estava pronta para sair da rua segura onde moramos e descer a ladeira atrás da casa. Nunca havia andado de bicicleta em um declive.

Com as bicicletas no topo da ladeira, olhamos para baixo. Para ela, aquilo parecia o Monte Everest.

— Tem certeza de que quer tentar? — perguntei.

— Acho que sim. — ela respondeu com um suspiro.

— Acione os freios quando quiser parar. Não se esqueça dos freios.

— Tudo bem.

Pedalei até a metade do caminho e aguardei. Lá vinha ela. A bicicleta começou a ganhar velocidade. O guidão começou a tremer. Os olhos dela se arregalaram. Os pedais moviam-se com uma velocidade incrível. Ao passar por mim ela gritou:

— Não sei mais parar! — e em seguida caiu no meio fio.

Se você não sabe como parar, o resultado pode ser doloroso. Aplica-se às bicicletas. Aplica-se à vida.

Nós precisamos de um dia sem trabalho. Precisamos de um período de 24 horas para encostar as rodas e o motor. Precisamos parar.

capítulo cinco

ANSIEDADE e ESTRESSE

[agora temos dois tópicos para discussão]

Não gaste hoje
o dinheiro de
amanhã.

A preocupação é de pouca valia. Não acrescenta dias à sua vida. Sua ansiedade só causa azia, nada mais.

Considere nossos motivos de lamentação pelo futuro:

- 40 por cento nunca se tornam realidade
- 30 por cento se referem a ações passadas, portanto imutáveis
- 12 por cento se focam na opinião dos outros, algo que não se controla
- 10 por cento dizem respeito à saúde, que só vai piorar se nos preocuparmos com ela
- 8 por cento consideram problemas reais que podemos mudar

Noventa e dois por cento de nossas preocupações são desnecessárias! Preocupar-se não é apenas irrelevante e inócuo; preocupar-se é irreverente, insolente a Deus.

Preocupar-se é uma opção, não uma atribuição. Deus pode levar você a um mundo livre de preocupações. Comece logo a orar. Concentre-se menos nos problemas a sua frente e mais nas vitórias do passado. Faça a sua parte, e Deus fará a parte dele. Ele irá guardar seu coração com a paz dele... a paz acima de todo entendimento.

Não andem ansiosos por coisa alguma, mas em tudo, pela oração e súplicas, e com ação de graças, apresentem seus pedidos a Deus. E a paz de Deus, que excede todo o entendimento, guardará o coração e a mente de vocês em Cristo Jesus.

Filipenses 4:6,7

uma boa memória contribui para um bom coração.

Funciona assim. Imagine que lhe chega uma notícia ruim: o médico decide que você precisa ser operado. Ele detecta um nódulo e recomenda sua extração. Então lá está você, saindo do consultório. Acabaram de lhe entregar um copo de ansiedade. O que você vai fazer com ele? Você pode colocá-lo em um de dois potes.

Pode despejar sua má notícia no tonel das preocupações. Mergulhar nele uma colher. Acender o fogo. E cozinhá-la. Mexê-la. Meditar por um tempo. O resultado logo será uma encantadora caçarola de pessimismo. Alguns de vocês fizeram dessa bebida um hábito. Seus amigos e sua família me pediram para lhe dizer que isso não está lhe fazendo bem.

Que tal uma idéia diferente? O tonel da oração. Antes de a porta do consultório se fechar, entregue o problema a Deus. "Eu acato sua soberania. Nada virá a mim que não tenha passado pelo Senhor."

Acrescente à mistura uma saudável dose de gratidão. Você não pensa nos leões a enfrentar, mas você se lembra da restituição do imposto, do conselho adequado ou do lugar que vagou recentemente em um vôo que estava com *overbooking*. Uma olhada no passado gera forças para o futuro.

A sua parte é oração e gratidão. A parte de Deus? Paz e proteção.

Portanto, não se preocupem com o amanhã, pois o amanhã trará as suas próprias preocupações. Basta a cada dia o seu próprio mal.

Mateus 6:34

Enfrente os problemas de hoje com a força de hoje. Não lide agora com os problemas de amanhã; espere até amanhã. Você ainda não tem a força de amanhã. Você tem simplesmente o suficiente para hoje.

MOMENTOS DE ANSIEDADE OU BONS MOMENTOS?

Um homem contou a seu psicólogo que suas ansiedades estavam perturbando seus sonhos. Algumas noites ele sonhava que era uma barraca de escoteiro e em outras noites ele sonhava que era uma tenda indígena. O médico analisou rapidamente a situação e afirmou: "Eu sei qual é o seu problema. Você está muito tenso."

Muitos de nós estamos. E especialmente nós, pais. Minhas filhas estão naquela idade em que estão começando a dirigir. Parece que foi ontem que aprenderam a andar segurando minhas mãos, e agora eu as coloco ao volante. É uma sensação assustadora. Acho que vou colar no carro de Jenna um adesivo assim: "Como estou dirigindo? Ligue 0800-PAPAI."

O que fazemos com essas preocupações?

Faça um favor a você mesmo: leve seus momentos de ansiedade para a cruz. Deixe-os lá com seus momentos de dor, de loucura, de ansiedade...

E se você estiver pensando: "Mas, Max, se eu deixar todos esses momentos na cruz, só vão me sobrar os bons."

É mesmo? Pois é, acho que sim...

PARE E CONSIDERE

• O telescópio *Hubble* envia imagens em infravermelho para galáxias distantes que provavelmente estão a doze bilhões de anos luz de distância (doze bilhões vezes nove trilhões e seiscentos quilômetros).

• Astrônomos arriscam uma estimativa de que o número de estrelas no universo seja igual à quantidade de grãos de areia contidos em todas as praias do mundo. A estrela Eta Carinae excede o brilho de nosso sol na mesma proporção em que o Yankee Stadium excede o brilho de um isqueiro. Cinco milhões de vezes mais brilhante!

- A estrela Betelgeuse tem um diâmetro de 160 milhões de quilômetros, o que é maior que a órbita da Terra ao redor do sol.

Por que a imensidão? Para que um espaço tão vasto, imensurável, inexplorável, "inutilizável"? Para que eu e você, chocados, pudéssemos nos impressionar com essa verdade: "Tudo posso naquele que me fortalece." (Filipenses 4:13)

O Cristo das galáxias é o Cristo de suas segundas-feiras. O Fazedor de Estrelas organiza seu horário de viagem. Relaxe. Você tem um amigo no alto.

Deus não vai permitir que você se adiante quanto ao que acontecerá. Então você deve parar de procurar saber o futuro. Ele promete um foco de luz em seus pés e não uma bola de cristal. Nós não sabemos o amanhã. Basta-nos saber que Deus nos conduz.

Aliviando a bagagem

"Isso era eu."

DESCONTE SUA RAIVA NA ÁRVORE

Muitos anos atrás, um trabalho estressante potencializou os surtos de raiva diários de T. D. Terry. Sua filha, anos mais tarde, ouvindo-o se descrever, respondeu surpresa: "Não me lembro de raiva naqueles anos."

Ele lhe perguntou se ela se lembrava da árvore perto da entrada dos carros, mais ou menos no meio do caminho entre o portão e a casa. "Lembra-se de como era alta? Perdeu alguns galhos e, depois de algum tempo, não restou muito além de um toco."

Ela se lembrava.

— Quem fez aquilo fui eu — explicou T. D. — Descontei minha raiva na árvore. Chutava o tronco, usava um machado, cortava os galhos. Como não queria chegar em casa com raiva, deixei minha raiva na árvore.*

Vamos fazer o mesmo. Na verdade, vamos um pouco mais adiante. Em vez de descontar sua raiva em uma árvore do jardim, escolha uma árvore na colina: a do calvário. Quando outros rejeitarem você, deixe que Deus o aceite. Ele não está carrancudo. Ele não está com raiva. Ele canta para você. Mergulhe em seu amor sem limites e esfrie a cabeça.

**Roger Emmit, Administração da raiva*

capítulo seis

qual a sua definição para ESPERANÇA?

A esperança não lida com o certo, mas com o inesperado. É um conto improvável com um final beliscão-para-ver-se-não-estou-sonhando. É Abraão ajeitando seus bifocais para enxergar não o neto, mas o filho. É Moisés na terra prometida não com Aarão ou Miriam ao seu lado, mas com Elias e o Cristo transfigurado. É Zacarias sem fala ao ver sua esposa Elizabete, grisalha e grávida. E são os dois peregrinos de Emaús recebendo o pão apenas para ver que as mãos que o ofereciam estavam perfuradas.

A esperança não lida com a realização de desejo ou favor; não, é muito maior do que isso. É a dependência simplória e imprevisível de um Deus que ama nos surpreender, surgindo em carne e osso para ver nossa reação.

Que o Deus da esperança os
encha de toda alegria e paz,
por sua confiança nele, para que
vocês transbordem de esperança,
pelo poder do Espírito Santo.

Romanos 15:13

A esperança dos céus faz pelo seu mundo o que a luz do sol fez pelo porão de minha avó. Eu devo a ela meu amor por compota de pêssegos. Ela mesma preparava as compotas e as armazenava em um porão perto de sua casa no oeste do Texas. Era uma cova profunda, com degraus de madeira, paredes de madeira compensada e cheiro de mofo. Quando menino, eu costumava descer lá, fechar a porta e contar quanto tempo eu agüentaria no escuro. Eu sentava em silêncio, ouvindo minha própria respiração e os batimentos de meu coração, até que eu não agüentava mais e corria pelas escadas e escancarava a porta. A luz entrava como uma avalanche no porão. Que mudança! Momentos antes eu não conseguia ver nada — de repente eu podia ver tudo.

Da mesma forma que a luz inundando o porão, a esperança de Deus inunda nosso mundo. Na doença, traz o raio da cura. Para o que está de luto, proporciona a promessa do reencontro. Para o que está morrendo, acende a chama da ressurreição. Para o confuso, oferece a luz das Escrituras.

Deus dá esperança.

E eu estarei sempre
com vocês, até o fim
dos tempos.

Mateus 28:20

724

o amor tem esperanças em você.

O jovem autor aspirante precisava de esperança. Mas recebeu bom número de palavras desencorajadoras.

— Ser publicado é impossível — avisou um mentor.

— As editoras só querem saber de celebridades — ponderou outro. — Além disso, escrever toma muito tempo. E por que você iria querer todos os seus pensamentos registrados em papel?

A princípio, ele ouvia. Concordou que escrever era um desperdício de esforço e voltou sua atenção para outros projetos. Mas de alguma forma a canela e o bloco de notas eram o Bourbon e a Coca-Cola para o viciado em palavras. Preferia escrever em vez de ler. Então escrevia. Passava noites seguidas no sofá no canto de seu apartamento, folheando repetidamente o seu conjunto de verbos e substantivos, muitas em companhia da esposa: enquanto trabalhava artesanalmente a palavra, ela bordava pontos em cruz. Finalmente o manuscrito estava terminado. Cru e carregado de erros, mas terminado.

Ela deu o primeiro empurrão:

— Mande. Que mal pode fazer?

E assim foi. Enviou o livro para quinze editoras diferentes. Enquanto o casal esperava, ele escrevia. Enquanto ele escrevia, ela bordava. Nenhum dos dois esperava muito, ambos esperavam tudo. As respostas começaram a encher a caixa do correio. "Desculpe-nos, mas não aceitamos manuscritos que não tenham sido solicitados." "Tivemos que mandar seu trabalho de volta. Boa sorte." "Nosso catálogo não tem espaço para autores que ainda não foram publicados."

Ainda guardo essas cartas em algum lugar, em uma pasta. Achá-las demoraria certo tempo. Achar o bordado de Denalyn, no entanto, não demoraria tempo algum. Para ver só preciso erguer meus olhos deste monitor e olhar para a parede. "De todas as artes nas quais os sábios têm excelência, a boa escrita é a maior obra-prima da natureza."

Ela me deu isso mais ou menos na mesma época em que a décima quinta carta chegou. Uma editora havia dito sim. Essa carta também está emoldurada. Qual das duas tem mais significado? O presente que minha esposa me deu ou a carta da editora? Sem sombra de dúvida, o presente. Pois, com o presente, Denalyn me deu esperança.

Para Deus, seu maior desafio não é nada mais do que elásticos e grampos. Elásticos e grampos de cabelo?

Quando eu era pequeno, ganhava elásticos e grampos da minha irmã mais velha. Pilotava meu triciclo para cima e para baixo pela calçada, fingindo que os grampos eram minhas chaves e meu triciclo, um caminhão. Mas um dia perdi "as chaves". Crise! O que eu iria fazer? Minha busca terminou em nada além de lágrimas. Mas quando confessei meu erro para minha irmã, ela apenas sorriu. Sendo dez anos mais velha que eu, tinha uma perspectiva melhor.

Deus também tem uma perspectiva melhor. Com todo o respeito, nossas batalhas mais duras, na visão dele, não passam de elásticos e grampos de cabelo. Deus jamais é perturbado, confuso ou desencorajado.

Receba a esperança dele, certo? Receba-a porque você precisa dela. Receba-a para que possa partilhá-la.

DEUS RESTAURA SUA ESPERANÇA

Conta-se a história de um homem em um safári, nas profundezas da selva africana. Munido de um facão, o guia caminhava mais à frente e ia cortando a vegetação alta e espessa. O viajante, cansado e com calor, perguntou frustrado: "Onde estamos? Você sabe para onde está me levando? Onde está o caminho?" O guia experiente parou, olhou para o homem e respondeu: "Eu sou o caminho."

Nós fazemos a mesma pergunta, não fazemos? Perguntamos a Deus: "Para onde você está me levando? Onde está o caminho?" E ele, como o guia, não nos diz. Ah, pode nos dar uma ou duas pistas, mas só isso. Se revelasse o caminho, será que entenderíamos? Saberíamos nossa localização? Não; assim como o viajante, somos inexperientes nesta selva. Então, em vez de nos dar uma resposta, Jesus nos dá um presente muito maior: dá-nos a si mesmo.

Ele remove a selva? Não, a vegetação continua densa.

Ele elimina os predadores? Não, o perigo
ainda espreita.

Jesus não nos dá esperança mudando a selva, mas restaura nossa esperança nos dando a si mesmo. E ele prometeu que ficaria até o fim.

capítulo sete

olhando para a VIDA

eis um segredo.

o que você tem em seu pastor é maior do que aquilo que lhe faz falta.

posso fazer uma pergunta um pouco pessoal?

Aqui vai: do que você sente falta para se considerar realmente feliz? Como você preencheria esta lacuna: "Serei feliz quando ______________________"? Quando estiver curado? Quando for promovido? Quando se casar? Quando voltar a ser solteiro? Quando se tornar rico? Como você completaria a frase?

Agora, com sua resposta firme na mente, reflita mais uma vez: Se você nunca tirar a sorte grande, se seu sonho nunca se tornar realidade, se a situação nunca mudar, você seria feliz? Se não, está dormindo na fria cela do descontentamento. Está aprisionado. E precisa saber o que você tem em seu pastor.

Você tem um Deus que o ouve, o poder do amor em você, o Espírito Santo em seu interior e todo o céu à sua frente. Se você tem o pastor, possui graça para cada pecado, direção para cada curva, luz para cada canto e âncora para cada tempestade. Você tem tudo de que precisa.

O Senhor é o meu pastor; de nada terei falta.

salmo 23:1

ELE JÁ ESTEVE LÁ

Esses dias, uni-me a uma multidão de vinte mil pessoas em passeata pelas ruas de San Antonio, com o objetivo de levantar dinheiro para pesquisas em prol do câncer de mama. A maioria estava movida por sentimentos desinteressados, feliz por percorrer quase cinco quilômetros e doar alguns dólares para a causa. Alguns se viam mais envolvidos na causa, pela memória de um ente querido morto pela doença ou em honra a um sobrevivente. Estávamos ali por motivos diversos, mas creio que nenhum de nós se mostraria mais engajado que uma mulher que avistei. Sua bandana escondia a cabeça sem cabelos e círculos negros rodeavam seus olhos. Tinha câncer. Nossa presença era motivada por solidariedade; a dela, por convicção, pois sabia como se sentiam as vítimas do câncer. Passava por isso.

A frase “Passei por isso” ilustra o que seria a música-tema de Cristo. Aos solitários, Jesus sussurra: “Passei por isso.” Aos desanimados, Cristo balança a cabeça e consola: “Passei por isso.”

Jesus não se isentou de sofrimento. “Porque, tendo em vista o que ele mesmo sofreu quando tentado, ele é capaz de socorrer aqueles que estão sendo tentados” (Hebreus 2:18). Jesus teve raiva suficiente para expurgar o templo, fome suficiente para comer grãos crus, emoção suficiente para chorar em público, amor suficiente para ser chamado de bêbado, simpatia o suficiente para atrair crianças, fadiga suficiente para dormir em um barco sacolejado pela tormenta, pobreza suficiente para dormir no chão batido e pegar emprestada uma moeda para comprar a ilustração de um sermão, radicalismo suficiente para ser expulso da cidade, responsabilidade o suficiente para cuidar de sua mãe, tentação suficiente para saber o cheiro do demônio e temor suficiente para suar sangue.

Mas por quê?

Por que o melhor Filho dos céus agüentou as maiores dores da terra? Para que você soubesse que "[...] ele é capaz de socorrer aqueles que também estão sendo tentados" (Hebreus 2:18). O que quer que você esteja enfrentando, ele sabe como você se sente.

BANALIDADES INCOMUNS

Você acorda hoje para um dia comum. Não há mordomo para preparar seu banho nem empregada para organizar suas roupas. Seus ovos não são beneditinos e o seu suco de laranja não é feito na hora. Mas tudo bem; não há nada de especial sobre o dia de hoje. Não é seu aniversário nem Natal; hoje é um dia como qualquer outro. Um dia comum.

Então você vai à garagem e entra no seu carro comum. Uma vez você leu que as crianças da nobreza nunca precisavam dirigir. Contaram-lhe sobre executivos e sheiks que iam de helicóptero para seus escritórios. Bom, uma vez você andou de limusine, mas era o dia do seu casamento. Desde então você só pega carros populares e minivans. Bastante comuns.

Carros comuns que levam você para seu trabalho comum. Algo que leva a sério, mas sem considerar extraordinário. Ninguém o convida para entrevistas na TV, nem o requisita para o Congresso. Você apenas se apressa para terminar as tarefas do dia antes que o trânsito das seis transforme a rua em um estacionamento.

Você leva uma vida comum. Pontuada por casamentos eventuais, transferências de emprego, troféus de boliche e formaturas — alguns destaques —, mas, no geral, no mesmo ritmo partilhado pela maioria.

Jesus estava atento a essa vida comum.

Você está atento à sua? A chuva batendo na janela. A neve silenciosa de abril. A risada de um bebê em um avião lotado. Assistir ao nascer do sol enquanto o mundo ainda dorme. Não seriam essas epístolas pessoais? Não pode Deus falar em uma permuta de segunda-feira, em uma troca de fralda durante a madrugada? Tome nota de sua vida.

Quando sua vida parecer banal, aprenda com Cristo. Preste atenção no seu trabalho e no seu mundo. A obediência de Jesus começou na carpintaria de uma cidadezinha. Sua abordagem incomum com relação à sua vida banal o treinou para seu chamado incomum.

sei que a bondade
e a fidelidade me
acompanharão todos os
dias da minha vida, e
voltarei à casa do SENHOR
enquanto eu viver.

salmo 23:6

que afirmação grandiosa! Perceba seu alcance. Bondade e fidelidade acompanham os filhos de Deus todos os dias! Pense nos dias que virão. O que você vê?

Dias em casa com filhos pequenos? Deus estará ao seu lado.

O cotidiano de um trabalho sem futuro? Deus o ajudará a passar por isso.

Com certeza a bondade e a fidelidade irão me seguir — não em alguns, não na maior parte dos, não em quase todos — mas em todos os dias da minha vida.

Deus sempre se regojiza quando ousamos sonhar. Na verdade, somos muito parecidos com Deus quando sonhamos. O mestre exulta na novidade e se delicia em alargar o que é antigo. Ele escreveu o livro que fala sobre tornar possível o impossível.

Exemplo? Olhe o Livro.

Pastores de oitenta anos normalmente não fazem faraós de tolos... mas não diga isso a Moisés.

Pastores adolescentes normalmente não enfrentam gigantes... mas não diga isso a Davi.

Pastores que guardam o rebanho durante vigílias à noite normalmente não ouvem anjos cantarem, nem recebem a oportunidade de visitar Deus no estábulo... mas não diga isso aos pastores de Belém.

E, acima de tudo, não diga isso a Deus.

Jesus não se limita a recrutar pessoas de coração determinado. Os abatidos e cansados são primordiais em seu livro, e ele é conhecido por entrar em barcos, bares, prostíbulos, para exclamar a quem está ali: "Não é tarde demais para recomeçar."

capítulo oito

A vida não acontece sem
DOR e LÁGRIMAS.
vamos falar sobre isso.

Deus **SABE** como você se sente...

um amigo meu estava recentemente tentando ensinar seu filho de seis anos de idade como lançar uma bola à cesta. O garoto pegava a bola e a jogava com toda a sua força em direção à cesta, mas ela sempre perdia a força e caía antes de alcançá-la. O pai então pegava a bola e acertava a cesta, dizendo algo como: "Faça apenas isso, filho. É fácil."

O garoto esforçava-se e errava continuamente. Meu amigo então pegava a bola e fazia outra cesta, encorajando seu filho a jogar a bola com um pouco mais de força.

Depois de alguns minutos e muitas cestas perdidas, o garoto respondeu finalmente às tentativas do pai de encorajá-lo: "É fácil para você aí de cima. Você não sabe como é difícil daqui de baixo."

Você nunca pode dizer isso de Deus. Das mensagens que Jesus nos ensinou sobre momentos de estresse, a primeira é: "Deus sabe como você se sente."

o que fazer

com uma xícara de frustração?

VOCÊ JÁ LEVOU SUAS frustrações para Deus? Você já as dividiu com seu vizinho, seus parentes, seus amigos. Mas já as levou para Deus? Tiago diz: "Entre vocês há alguém que está sofrendo? Que ele ore." (Thiago 5:13)

Antes de ir a qualquer outro lugar com suas frustrações, vá até Deus.

Talvez você não queira importunar Deus com suas dores. Afinal de contas, você pensa, ele trata de penúrias, pestilências e guerras; não se importará com suas próprias batalhas. Por que você não o deixa decidir isso? Ele preocupou-se o suficiente com um casamento a ponto de prover o vinho. Preocupou-se o suficiente com o pagamento de impostos de Pedro a ponto de dar-lhe uma moeda. Preocupou-se o suficiente com a mulher junto ao poço a ponto de lhe dar respostas. "[...] porque ele tem cuidado de vocês." (1 Pedro 5:7)

DEUS IRÁ ENXUGAR SUAS LÁGRIMAS

Quando eu era rapaz, havia pessoas o suficiente para enxugar minhas lágrimas. Eu tinha duas irmãs mais velhas que me mantinham embaixo de suas asas. Tinha uma dúzia ou mais de tias e tios. Tinha uma mãe que trabalhava durante a noite como enfermeira e durante o dia como mãe — e exercendo ambas as profissões com carinho. Eu até tinha um irmão três anos mais velho que ficava com pena de mim de vez em quando.

Mas, quando penso em alguém enxugando minhas lágrimas, penso em meu pai. As mãos dele eram calejadas e ásperas, seu dedos eram curtos e gordos. E, quando meu pai enxugava uma lágrima, parecia que ele a havia enxugado para sempre. Havia algo no toque dele que afastava mais do que uma gota de dor de minhas bochechas. Ele levava para longe meu medo.

João diz que algum dia Deus irá enxugar suas lágrimas. As mesmas mãos que se levantavam aos céus irão tocar sua face. As mesmas mãos que fizeram as montanhas irão acariciar seu rosto. As mesmas mãos que se contorceram em agonia quando perfuradas por estacas pelos romanos irão segurar sua face e enxugar suas lágrimas. Para sempre.

COMO JESUS AGÜENTOU o terror da crucificação? Ele foi primeiro ao Pai com seus temores. Referem-se a ele as palavras do Salmo: "Mas eu, quando estiver com medo, confiarei em ti." (Salmo 56:3)

"Pai, se queres, passa de mim este cálice de sofrimento." O primeiro a ouvir seus temores foi o Pai. Ele poderia ter ido à sua mãe. Ele poderia ter confiado em seus discípulos. Poderia ter convocado uma reunião de oração. Tudo isso teria sido apropriado, mas nada disso era prioridade dele. Ele foi primeiro ao seu Pai.

Ah, como tendemos a ir para qualquer outro lugar. Primeiro para o bar, para o conselheiro, para o livro de auto-ajuda ou para um vizinho. Não para Jesus. O primeiro a ouvir seus temores foi seu Pai no céu.

POST CARD
THIS SIDE FOR THE ADDRESS
Os caminhos e Deus estão sempre certos.
Podem não fazer sentido para nós.
Podem ser misteriosos, inexplicáveis,
difíceis e até dolorosos. Mas estão certos.

11 DE SETEMBRO DE 2001

Em uma manhã de setembro de 2001, Frank Silecchia amarrou suas botas, colocou o chapéu e saiu de casa, em Nova Jérsei. Ganhava a vida como operário de construção. Porém, como voluntário no World Trade Center, ele só tentava entender o que havia acontecido. Nutria esperanças de achar alguém com vida, mas não teve sucesso. Em vez disso, encontrou 47 corpos.

Em meio aos destroços, no entanto, ele se deparou com um símbolo — uma cruz de aço de seis metros de altura. O colapso da Torre Um no Prédio Sete criou uma câmara bruta no meio da desordem. Na câmara, através do nascer do sol empoeirado, Frank viu a cruz.

Nenhum guincho a havia erguido, nenhum cimento a segurava. As vigas de aço se erguiam independentemente de ajuda humana. Se erguendo sozinha, mas não solitária. Outras cruzes se espalhavam a esmo na base da maior. Tinham tamanhos diferentes, ângulos diferentes, mas todas eram cruzes.

Alguns dias depois, engenheiros descobriram que as vigas da cruz maior vieram dos dois prédios. Quando um caiu sobre o outro, as duas vigas soldaram-se em uma, forjadas pelo fogo.

Um símbolo em meio aos pedaços. Uma cruz encontrada na crise. "Onde está Deus nessa tragédia?", perguntamos. A descoberta tornou-nos ousados em nossa esperança: "No meio disso tudo."

Podemos lidar com uma ambulância se Deus estiver nela. Podemos agüentar uma UTI se Deus estiver nela. Podemos confrontar uma casa vazia se Deus estiver nela. Ele está.

Ele enxugará
dos seus olhos
toda lagrima.
Apocalipse 21:4

OUVINDO E CONFIANDO

Em uma viagem ao Reino Unido, nossa família visitou um castelo. No meio do jardim havia um labirinto. Fileiras e mais fileiras de uma alta cerca viva, levando a um caminho sem saída atrás do outro. Se com sucesso você atravessasse o labirinto, descobriria uma porta que dava acesso a uma torre no meio do jardim. As nossas fotos dessa viagem mostram quatro dos cinco membros da minha família em cima dessa torre. Humm, alguém ainda estava no chão. Adivinha quem? Eu estava preso na folhagem; não conseguia descobrir para que lado ir.

Ah, mas então ouvi uma voz que vinha de cima. "Ei, pai." Olhei para cima para me deparar com Sara, examinando a torre de cima. "Você está indo para o lado errado", explicou ela. "Volte e vire à direita."

Você acha que confiei nela? Eu não tinha que confiar, poderia ter seguido meus próprios instintos, consultado outros turistas confusos, poderia ter me sentado e ter feito birra, murmurando por que Deus deixaria isso acontecer comigo. Mas você sabe o que eu fiz? Eu ouvi. Ela estava em vantagem, estava acima do labirinto, podia ver o que eu não podia.

Você não acha que deveria fazer o mesmo com Deus?

capítulo nove

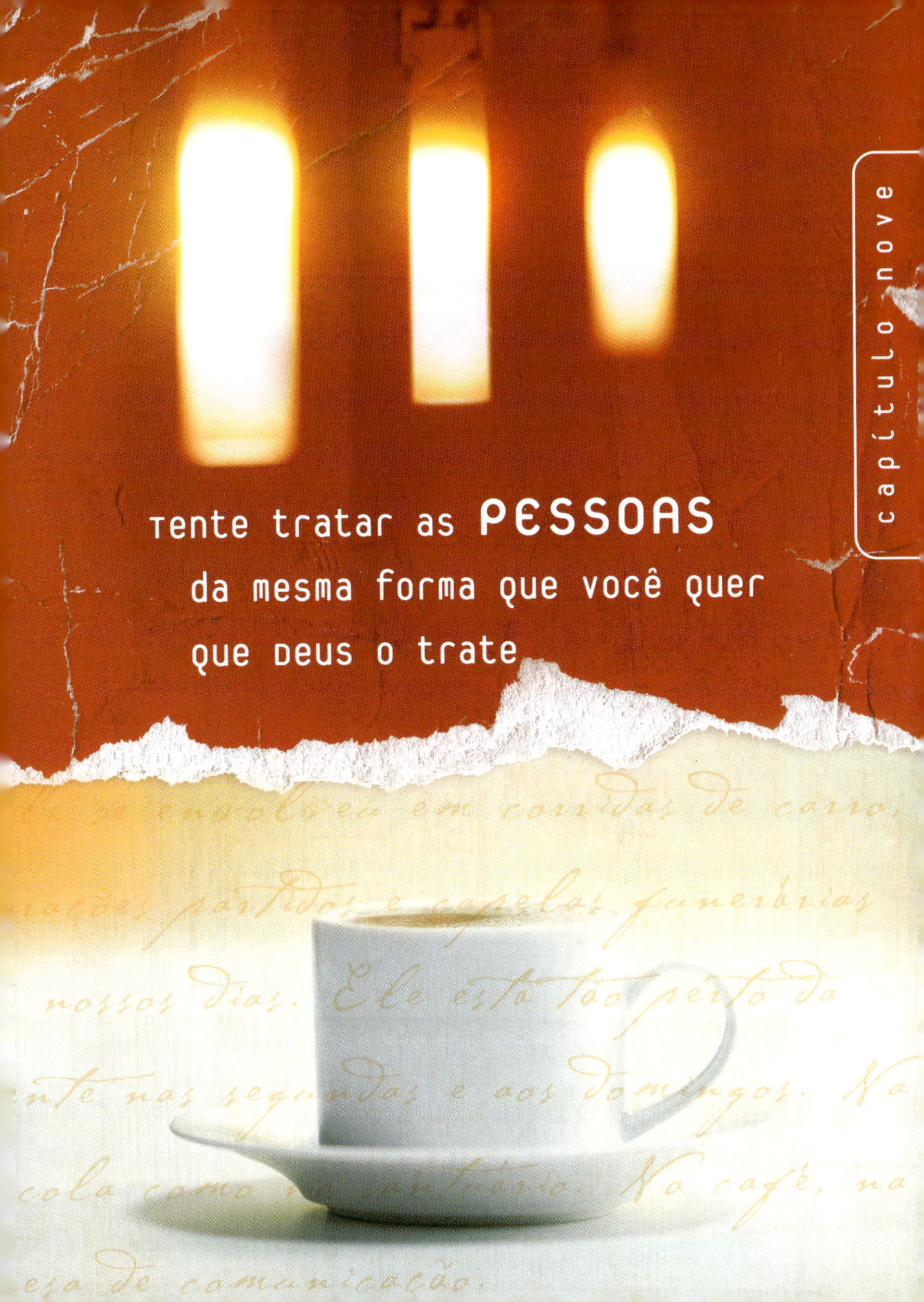

Tente tratar as **PESSOAS**
da mesma forma que você quer
que Deus o trate

Aqueles que as pessoas chamaram de lixo, Jesus chamou de tesouros.

Jesus era palpável, acessível, alcançável. E, o que é mais incrível, ele era comum. Se ele estivesse aqui hoje, você provavelmente não o notaria, se passasse por ele em um shopping. Ele não impressionaria ninguém com roupas ou jóias.

"Chame-me apenas de Jesus", você quase pode ouvi-lo falar.

Ele era o tipo de camarada que você convidaria para assistir ao jogo do *Rams x Giants* na sua casa. Ele brincaria no chão com seus filhos, cochilaria no seu sofá e assaria bifes na sua grelha. Ele riria das suas piadas e contaria algumas dele. E, quando você falasse, ele ouviria como se tivesse todo o tempo do mundo.

E, uma coisa é certa, você o convidaria de novo.

o **coração humilde**

honra aos outros.

Não é Jesus nosso exemplo? Satisfeito por ser conhecido como carpinteiro. Feliz em ser confundido com o jardineiro. Ele serviu seus seguidores lavando seus pés. Ele nos serve fazendo o mesmo. Toda manhã ele nos presenteia com beleza. Todo domingo ele nos chama à sua mesa. Cada momento ele reside em nossos corações. E ele não fala do dia em que "[...] ele se vestirá para servir, fará que se reclinem à mesa, e virá servi-los" (Lucas 12:37)?

Se Jesus tem tanta vontade de nos honrar, não podemos nós fazer o mesmo pelos outros? Faça das pessoas uma prioridade. Aceite sua parte no plano dele. Seja rápido ao dividir os aplausos. E, acima de tudo, considere os outros como mais importantes que você mesmo. É o que faz o amor.

"o amor não se alegra com a injustiça, mas se alegra com a verdade" (1 Coríntios 13:6). Neste verso, está um teste para o amor.

Aqui está um exemplo. Um exemplo clássico: o encontro de um jovem casal. A afeição dele vai além da zona de conforto dela. Ela resiste. Mas ele tenta persuadi-la com a conversa mais antiga da história: "Mas eu te amo. Eu só quero estar perto de você. Se você me amasse..."

Você ouve esse sinal de alerta? É o detector de amor falso. Esse rapaz não a ama. Ele talvez ame fazer sexo com ela. Ele talvez ame o corpo dela. Ele talvez ame se gabar de suas conquistas com seus amigos. Mas não a ama. O amor verdadeiro nunca pede ao "amado" para fazer algo oposto a suas convicções.

O amor não desrespeita os valores dos outros. Pelo contrário.

"O amor edifica" (1 Coríntios 8:1).

Você quer saber se o seu amor por alguém é verdadeiro? Se sua amizade é genuína? Pergunte a si mesmo: Eu influencio essa pessoa a fazer o que é certo?

Agora eu entendo por que os poderosos gostam de usar óculos escuros — os refletores os cegam para a realidade. Eles sofrem de uma ilusão de que o poder significa algo (não significa). Têm a impressão de que a autoridade terrena fará a diferença celestial (não fará).

Posso provar o meu ponto de vista? Faça o teste.

Cite os dez homens mais ricos do mundo.

Cite os dez últimos ganhadores do troféu Heisman.

Cite as dez últimas ganhadoras do concurso de Miss América.

Cite oito pessoas que ganharam o Prêmio Nobel ou o Pulitzer.

Que tal então os dez últimos ganhadores do Oscar na categoria de Melhor Fotografia ou todos os vencedores do campeonato nacional de futebol da última década?

Qual o resultado do seu teste? É, eu também não me saí muito melhor. É surpreendente como esquecemos rápido, não é? E estes são os melhores em suas áreas de atuação. Mas o aplauso acaba. Os troféus perdem o brilho. As conquistas são esquecidas.

Eis outro teste. Veja como você se sai.

Pense em três pessoas com quem você goste de passar o tempo.

Cite dez pessoas que lhe ensinaram algo que vale a pena.

Faça uma lista de cinco amigos que o ajudaram em um momento difícil.

Relacione alguns professores que se empenharam em ajudá-lo no decorrer dos seus estudos.

Mais fácil? Também foi para mim. A lição? As pessoas que fazem a diferença não são aquelas que acumulam credenciais, mas aquelas que se interessam por seus semelhantes.

Sejam todos prontos para ouvir, tardios para falar.

(Tiago 1:19)

Temos a tendência de falar muito e ouvir pouco. Existe uma hora para falar, mas também existe uma hora para ficar quieto. Isto é o que meu pai fazia. Deixar uma *fly ball** cair pode não ser uma grande coisa para a maioria das pessoas, mas passa a ser muito importante quando você tem treze anos de idade e aspirações de entrar para a grande liga do beisebol. Não era apenas o meu segundo erro no jogo, mas deixei que o outro time marcasse o ponto.

Sequer voltei para o banco. Dei meia volta da ponta esquerda do campo e pulei a cerca. Eu já estava a meio caminho de casa quando meu pai me achou. Ele não disse uma palavra. Apenas puxou o carro para o meio fio, debruçou-se por cima do banco do passageiro e abriu a porta para mim. Nós não trocamos uma palavra. Não precisávamos. Nós dois sabíamos que o mundo havia acabado.

Quando chegamos em casa, fui direto para meu quarto, e ele, direto para a cozinha. De repente apareceu na minha frente com biscoitos e leite. Ele se sentou na cama, e comemos juntos. Em algum lugar entre um mergulho e outro do biscoito no leite eu comecei a me dar conta de que a vida e o amor de meu pai iriam continuar. Na economia da adolescência masculina, se você ama o cara que deixa a bola cair, então você realmente o ama. Minha habilidade como um jogador de beisebol não melhorou, mas a minha confiança no amor do Pai sim. Meu pai nunca me disse uma palavra. Mas ele apareceu. E escutou.

corações bondosos são bondosos em silêncio. Dão passagem para o outro carro no trânsito, cedem o lugar na fila para a jovem mãe com três filhos, apanham o cesto de lixo que rolou para o meio da rua.

* Jogada no beisebol em que a bola é rebatida para o ar. (N. T.)

"Um dia vamos fazer um cruzeiro juntos."

"Um dia eu vou arrumar tempo para telefonar e bater um papo."

"Um dia as crianças compreenderão por que sou tão ocupado."

Mas você sabe a verdade, não sabe? Você sabe antes mesmo de ler o que vai abaixo. Você mesmo poderia afirmar que...

...há dias que nunca chegam.

O preço da praticidade às vezes é maior do que a extravagância. Porém, as recompensas do amor destemido são sempre maiores que seu custo.

Vá em frente. Invista no tempo. Escreva a carta. Peça desculpas. Faça a viagem. Compre o presente. Aja. A oportunidade aproveitada traz alegria. A oportunidade perdida traz arrependimento.

existe tanta areia na ampulheta. Quem a pega?

Você sabe do que estou falando, não sabe?

"A Associação de Pais e Mestres está precisando de um novo tesoureiro. Com seu currículo, sua experiência, talento, inteligência e amor por crianças... VOCÊ é a pessoa perfeita para o trabalho!"

"Desculpe por pedir isso de novo, mas você é tão bom como professor de escola dominical."

"Acabo de perder meu dentista. Você voltaria a trabalhar para mim?"

É um cabo de guerra, e você é a corda.

De um lado estão as demandas por seu tempo e energia. Eles ligam, elogiam. Suas propostas são válidas e boas. Excelentes oportunidades. Se fossem ruins, seria fácil dizer não. Mas não são, então a tendência é racionalizar.

Do outro lado estão aqueles que amamos em nosso mundo. Eles não escrevem cartas. Não lhe pedem para verificar sua agenda. Não se oferecem para pagar suas despesas. Não usam termos como “hora marcada”, “compromisso” ou “hora de almoço”.

Eles não requisitam você por aquilo que faz, mas por aquilo que é.

uma vez por semana, deixe uma criança levar você para passear.

seja duplamente bondoso com as pessoas que lhe trazem comida ou estacionam seu carro.

Nunca perca a chance de ler um livro infantil.

capítulo dez

você sabe sobre o PLANO ETERNO DE DEUS?

A maior criação de Deus
é seu plano eterno
de alcançar seus filhos.

quando nossa filha mais velha, Jenna, tinha dois anos, eu a perdi em uma loja de departamentos. Em um minuto ela estava ao meu lado e no outro havia desaparecido. Entrei em pânico. De repente, apenas uma coisa importava — eu tinha que achar minha filha. As compras foram esquecidas. A lista de coisas que eu tinha que comprar não era mais importante. Eu gritava seu nome. O que as pessoas pensavam não me interessava. Por alguns minutos, toda a energia que eu tinha estava sendo utilizada para apenas uma meta — achar minha criança perdida. (A propósito, encontrei-a. Ela estava se escondendo atrás de alguns casacos!)

Para um pai, nenhum preço é alto demais quando se trata de salvar um filho. Nenhuma energia é grande demais. Nenhum esforço exige demais. Um pai irá a qualquer lugar para achar o seu filho.

Deus também.

Preste atenção. A maior obra de Deus não está na maravilha das estrelas nem na imensidão dos desfiladeiros; está em seu plano eterno de alcançar seus filhos.

Seja a atitude de vocês a mesma de
Cristo Jesus, que, embora sendo Deus,
não considerou que o ser igual a Deus
era algo a que devia apegar-se; mas
esvaziou-se a si mesmo, vindo a ser
servo, tornando-se semelhante aos
homens. E, sendo encontrado em forma
humana, humilhou-se a si mesmo e foi
obediente até a morte, e morte de cruz!

Filipenses 2:5-8

SE VOCÊ FOSSE DEUS, você dormiria no feno, mamaria em um seio e se cobriria com uma fralda? Eu não, mas Cristo sim.

Se você soubesse que poucos iriam se importar com sua vinda, você viria? Se você soubesse que as bocas que criou iriam cuspir e falar mal de você, você as faria? Cristo as fez. Você consideraria os inaptos e inválidos mais importantes do que você mesmo? Jesus considerou.

Ele se rebaixou. Ele deixou o comando dos anjos para dormir no feno. Deixou de segurar as estrelas para apertar o dedo de Maria. As mãos que seguravam o universo foram perfuradas pelos cravos de um soldado.

Por quê? Porque é isto que o amor faz. Coloca os amados antes de si mesmo. Sua alma era mais importante que o sangue dele. Sua vida eterna era mais importante que a vida terrena dele. Seu lugar no céu era mais importante que o lugar dele no céu, então ele desistiu do dele para que você pudesse ter o seu.

Eis o tamanho do amor que ele tem por você.

o caminho para a cruz nos revela exatamente até onde Deus irá para nos chamar de volta.

CRISTO PAGOU NOSSAS DÍVIDAS

Jesus fez por nós o que eu fiz por uma de minhas filhas na loja do Aeroporto La Guardia em Nova York. Na placa acima das peças de cerâmica, lia-se: Favor Não Tocar. Mas a vontade era maior do que o aviso, e ela tocou. E a peça caiu. No momento em que olhei para ela, Sara, com dez anos de idade, segurava os dois pedaços de um arranha-céus nova-iorquino. Ao lado dela se postava um gerente de loja nada satisfeito. Acima dos dois estava a placa com o aviso. Entre os dois pairava um silêncio nervoso. Minha filha não tinha dinheiro. O gerente não tinha piedade. Então eu me intrometi e fiz o que os pais fazem: "Quanto nós devemos a você?", perguntei.

Como assim eu devia algo? Simples. Ela era minha filha. E, a partir do momento em que não podia pagar, eu paguei.

A partir do momento em que você e eu não podemos pagar, Cristo o faz. Nós já quebramos muito mais do que simples peças de vitrine. Quebramos mandamentos, promessas e, pior ainda, quebramos o coração de Deus.

Cristo vê que estamos em apuros. Com a lei na parede e os mandamentos quebrados no chão, ele chega perto (como um vizinho) e nos oferece um presente (como um Salvador).

O que devemos? Devemos a Deus uma vida perfeita. Perfeita obediência a qualquer mandamento. Não apenas o mandamento do batismo, mas o mandamento da humildade, honestidade, integridade. Não podemos corresponder. Seria como nos cobrar a cada um de nós pelos prédios da cidade inteira. Mas Cristo pode, e assim fez.

Porque Deus tanto amou o mundo que deu o seu Filho Unigênito.

João 3:16

COMO É AMPLO O AMOR DELE

Assim como a viga vertical da cruz proclama a divindade de Deus, a viga horizontal declara seu amor. E, oh, como é imenso o alcance desse amor.

Não é maravilhoso saber que o versículo não diz: "Porque Deus tanto amou os ricos..."?

Ou: "Porque Deus tanto amou os famosos..."?

Ou: "Porque Deus tanto amou os magros..."?

No versículo, isso não é citado. Assim como não se afirma "Porque Deus tanto amou os europeus e africanos...", "os soberbos e afortunados...", "os jovens e os velhos...".

Não, quando lemos João 3:16, simplesmente (e felizmente) lemos: "Porque Deus tanto amou o mundo."

Qual a amplitude do amor de Deus? Amplo o suficiente para o mundo todo. Você está incluído no mundo?

Então você está incluído no amor de Deus.

Joe Allbright é um vaqueiro do oeste do Texas. Um homem justo e corajoso, de rosto anguloso, magro. No município de Andrews, onde fui criado, todos o conheciam.

Eu e um dos filhos de Joe, James, éramos os melhores amigos no ensino médio. Jogávamos futebol americano juntos. (Para ser mais honesto, ele jogava enquanto eu cuidava do banco de reservas.) Em uma noite de sexta-feira depois de um jogo em outra cidade, James me convidou para dormir em sua casa. Já passava da meia-noite quando chegamos, e ele não havia avisado ao seu pai que iria para lá.

Como o Sr. Allbright não conhecia nem a mim nem o meu carro, assim que eu surgi em frente à casa ele ligou um refletor bem na minha cara. Enxerguei o homem através daquela claridade toda (acho que ele estava com roupas de baixo) e ouvi sua voz profunda. "Quem é você?" Engoli em seco. Minha mente corria a mil por hora. Comecei a dizer meu nome, mas parei. O Sr. Allbright não me conhece. Minha única esperança era de que James se adiantasse e respondesse.

Depois de um tempo que pareceu uma eternidade, finalmente James intercedeu. "Está tudo bem, pai. Este é meu amigo Max. Ele está comigo." A luz se apagou, e o Sr. Allbright abriu a porta. "Entrem, rapazes. Tem comida na cozinha."

O que mudou? O que fez com que o Sr. Allbright desligasse a luz? Um fato. Eu tinha me alinhado com seu filho. Minha segurança repentina não tinha nada a ver com minhas conquistas ou com o que tinha para oferecer. Eu conhecia o filho dele. Ponto.

Pela mesma razão você nunca deve temer os julgamentos de Deus. Não hoje. Nem no dia do julgamento. Jesus, na luz da glória de Deus, abre a boca em seu favor. "Este é meu amigo", exclama ele. E, quando ele o faz, abrem-se as portas do céu.

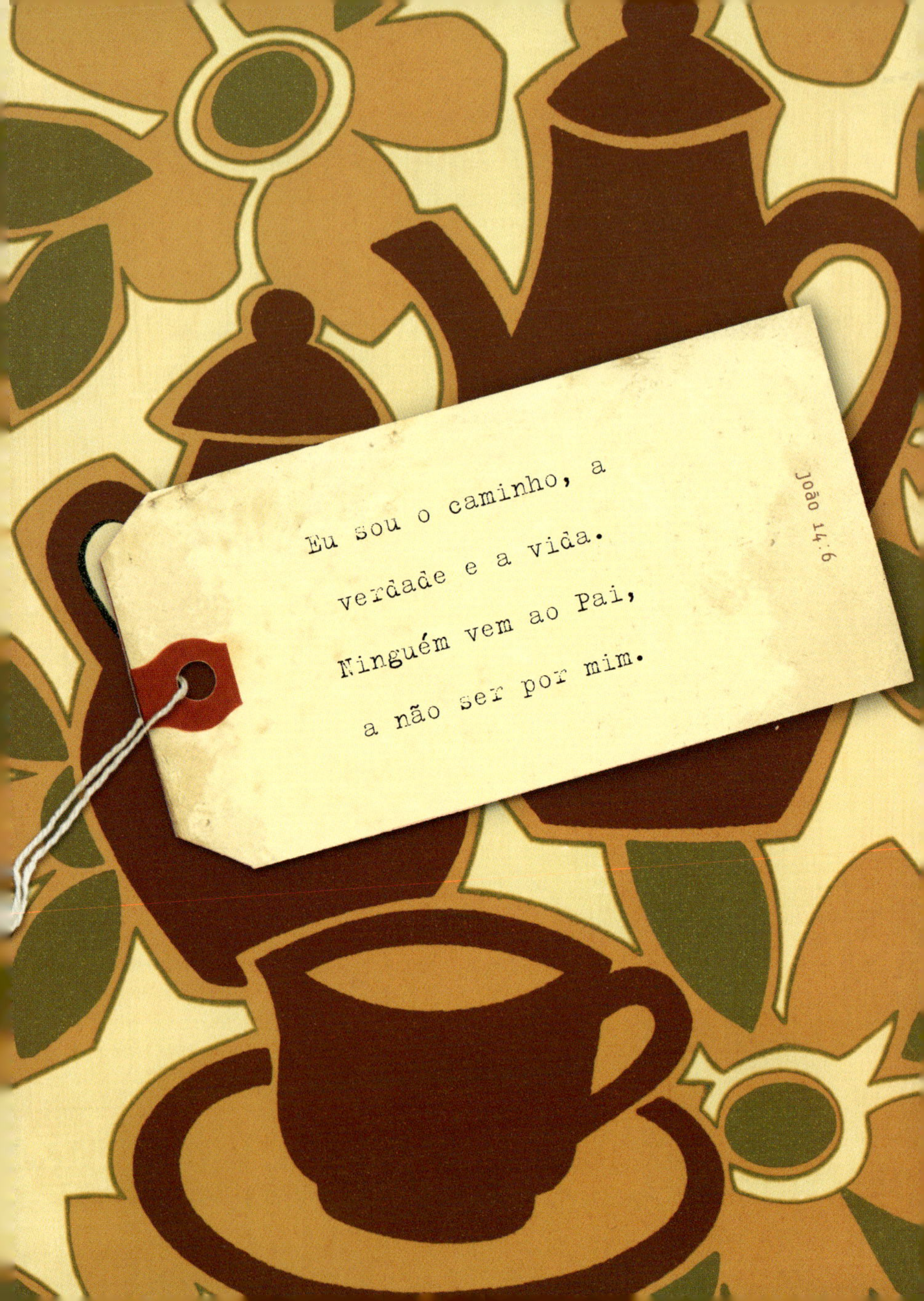
Eu sou o caminho, a
verdade e a vida.
Ninguém vem ao Pai,
a não ser por mim.
João 14:6

não se engane: Jesus se declarou Deus. Ele nos deixa com duas opções. Ou o aceitamos como Deus ou o rejeitamos como um megalomaníaco. Não há terceira alternativa.

Ah, mas o homem tenta criar uma. Imagine que estou parado no acostamento de uma estrada e você passa por mim. Posso ir para o norte ou para o sul. Você me pergunta para onde estou indo. Minha resposta? "Estou indo para o sorte."

Achando que não ouviu direito, você me pede para que eu repita a resposta.

— Estou indo para o sorte. Não posso escolher entre norte e sul, então me decidi pelos dois caminhos. Estou indo para o sorte.

— Mas isso é impossível — espanta-se você. — Tem que escolher um dos caminhos.

— É verdade — eu concordo —, estou indo para o nul.

— Nul não é uma opção! — você insiste. — Ou é norte, ou é sul. Para um lado ou para o outro. Para a esquerda ou para a direita. Em se tratando desta estrada, você tem que escolher!

Em se tratando de Cristo, você tem que fazer o mesmo. Chame-o de louco ou o coroe como um rei. Abandone-o como uma fraude ou o declare Deus. Deixe-o para trás ou incline-se diante dele. Não afirme que ele é um grande homem. Não o liste entre amigos decentes. Não o junte a Moisés, Elias, Buda, Joseph Smith, Maomé ou Confúcio. Ele não nos deixa esta opção. Ou ele é Deus ou não é. Enviado dos céus ou nascido no inferno. Toda a esperança ou todo o exagero. Mas nada que possa permanecer no meio do caminho.

a **VOZ** definitiva
no universo é jesus.
ele não está entre várias vozes,
mas é a voz sobre todas as outras vozes.

Cresci jogando futebol americano no terreno vazio ao lado de nossa casa. Muitas tardes de domingo foram passadas imitando Don Meredith, Bob Hayes, Johnny Unitas. (Não tinha que imitar Joe Namath. A maioria das meninas achava que eu já parecia com ele.)

No oeste do Texas, campos vazios são cheios de carrapichos, que machucam. Você não consegue jogar futebol americano sem cair, e você não cai em um campo do Oeste do Texas sem pegar um monte deles.

Não consigo me lembrar de quantas vezes eu mesmo tirei carrapichos tão colados na pele que tive de pedir ajuda. Crianças não confiam em outras crianças para tirar carrapichos. Você precisa de alguém com habilidade. Eu tinha de voltar para casa para que meu pai me ajudasse com os carrapichos — removendo um por um dolorosamente.

Inteligência não era meu forte, mas disso eu sabia: se queria voltar para o jogo, tinha que me livrar dos carrapichos.

Cada erro na vida é como um carrapicho. Você não pode viver sem cair, e não pode cair sem se machucar. Mas adivinhe. Não somos sempre tão espertos quanto jovens jogadores. Às vezes, tentamos voltar ao jogo sem lidar com os carrapichos. É como se não quiséssemos que ninguém soubesse que caímos, então fingimos que nunca aconteceu. E assim vivemos com nossa dor. Não conseguimos andar direito, dormir direito, descansar direito. E, ah, ficamos tão sensíveis.

Deus quer que vivamos desta forma? Claro que não. Preste atenção em sua promessa: "E esta é a minha aliança com eles quando eu remover os seus pecados" (Romanos 11:27).

Deus faz mais do que perdoar nossos erros; ele os remove! Basta levá-los a ele.

Porque eu lhes perdoarei a maldade e não me lembrarei mais dos seus pecados.

Hebreus 8:12

capítulo onze

como você simplifica a FÉ?

Quem recebe vocês, recebe a mim; e quem
me recebe, recebe aquele que me enviou.
Mateus 10:40
GENT
11-12
31 · XII
BELGIQUE
BELGIË
0120

simplifique sua fé procurando Deus por você mesmo. Não são necessárias cerimônias confusas. Não são necessários rituais misteriosos, canais elaborados de comando, níveis de acesso.

Você tem a Bíblia? Pode estudar.

Você tem um coração? Pode orar.

Você tem uma mente. Pode pensar.

De manhã ouves, Senhor, o meu clamor; de manhã te apresento a minha oração e aguardo com esperança.

salmo 5:3

antes de encarar o dia, encare o Pai. Antes de sair da cama, vá até sua presença. Eu tenho um amigo que tem o hábito de sair da cama já de joelhos e começar seu dia com uma oração. Pessoalmente, não vou tão longe. Com minha cabeça ainda no travesseiro e com meus olhos ainda cerrados, ofereço a Deus os primeiros segundos do meu dia. A oração não é longa e está longe de ser uma oração formal. Dependendo da quantidade de horas de sono que eu tive, posso até nem ser inteligível. Normalmente, digo apenas: "Obrigado pelo descanso desta noite. Eu pertenço a ti hoje."

"Orem no Espírito em todas as ocasiões" (Efésios 6:18). Isso soa fatigante? Talvez lhe ocorra argumentar: *Meus negócios precisam de atenção, meus filhos precisam de comida, minhas contas precisam ser pagas. Como posso ficar parado orando?* A oração incessante pode parecer complicada, mas não precisa ser assim.

Mude sua definição de oração. Olhe as orações menos como uma atividade para Deus e mais como uma consciência de Deus. Procure viver de modo ininterrupto com essa consciência. Reconheça a presença dele em todos os lugares aonde vai. Enquanto você espera na fila para registrar seu carro, pense: Obrigado, Senhor, por estar aqui. No mercado, enquanto faz as compras: Sua presença, meu Senhor e Pai, é bem-vinda. Enquanto você lava os pratos, cultue seu criador.

orem no espírito em
todas as ocasiões.

efésios 6:18

724

venham a mim,

todos os que estão cansados e
sobrecarregados, e eu lhes darei descanso.
Tomem sobre vocês o meu jugo e aprendam de
mim, pois sou manso e humilde de coração,
e vocês encontrarão descanso para as suas
almas. Pois o meu jugo é suave e o meu
fardo é leve.

Mateus 11:28-30

fazendeiros da antiga Israel costumavam treinar um boi inexperiente unindo-o a um experiente com um arreio de madeira. As tiras que ficavam no animal mais velho eram bem apertadas. Ele carregava a carga. Mas o arreio no animal mais novo ficava frouxo. Ele andava emparelhado com o boi mais maduro, mas seu fardo era leve. Nesse verso, Jesus está dizendo: "Eu ando ao seu lado. Estamos unidos um ao outro. Mas eu puxo o peso e carrego o fardo."

Quantos fardos que não conhecemos Jesus carrega por nós? Temos consciência de alguns. Ele carrega nossos pecados. Ele carrega nossa vergonha. Ele carrega nosso débito eterno. Mas existem outros? Ele sentiu os medos antes que os sentíssemos? Ele carregou nossa confusão para que nós não precisássemos senti-la? E os momentos em que fomos surpreendidos por um profundo senso de paz? Será que Jesus levantou nossa ansiedade nos ombros e colocou um arreio de bondade nos nossos ombros?

E com que freqüência nós lhe agradecemos pela sua bondade? Nunca o suficiente.

quando ninguém estiver olhando,
viva como se ALGUÉM estivesse.

APRENDENDO A OUVIR A DEUS

Um amigo meu se casou com uma soprano. Ela ama concertos. Passou anos de faculdade no departamento de música, e suas memórias mais antigas são de órgãos e corais. Ele, por outro lado, prefere o futebol das segundas à noite e música country. Como ele ama sua esposa, também vai à ópera com ela em algumas ocasiões. Os dois sentam-se lado a lado no mesmo auditório, ouvindo a mesma música, com duas reações completamente diferentes: ele dorme, ela chora.

Eu acredito que a diferença ultrapassa questões de gosto. Trata-se de treinamento. Ela dedicou tempo a apreciar a arte da música. Ele não passou por isso. Os ouvidos dela são absolutos. Já ele não consegue diferenciar um staccato de um legato. Mas está se esforçando.

Da última vez que conversamos sobre concertos, ele me garantiu que faz muita força para se manter acordado. Talvez nunca venha a conquistar o mesmo ouvido de sua esposa, mas com o tempo aprenderá a ouvir e apreciar a música erudita.

Acredito que também podemos. Com as ferramentas certas, podemos aprender a ouvir Deus. Quais são estas ferramentas? Aqui estão algumas que achei úteis:

Hora e lugar certos.

Uma Bíblia aberta.

Um coração que ouve.

"Acima de tudo, guarde o seu coração, pois dele depende toda a sua vida." (Provérbios 4:23)

Que afirmação verdadeira! Teste seu princípio e veja se você não concorda.

Dois motoristas estão presos no mesmo trânsito. Um deles espuma de raiva: "Agora estou todo atrasado." O outro suspira de alívio: "Uma boa oportunidade para diminuir o ritmo."

Duas mães enfrentam a mesma tragédia. Uma está destruída: "Eu nunca irei me recuperar." A outra está deprimida, mas determinada: "Deus me fará passar por isto."

Dois executivos enfrentam o mesmo sucesso. Um bate em seu próprio ombro e começa a ficar arrogante. O outro dá o crédito a Deus e se sente agradecido.

Às vezes, estamos com os corações cheios de lixo. Escancaramos a porta para qualquer malvadeza. Chega a raiva, nós lhe damos boas-vindas. A vingança pede hospedagem e nós lhe oferecemos uma cadeira. A autocomiseração quer dar uma festa, nós lhe mostramos onde é a cozinha. A luxúria toca a campainha e nós trocamos os lençóis da cama. Não sabemos como dizer não.

Muitos não sabem. Para a maioria de nós, administrar o que pensamos é algo totalmente... impensável. Há muito material sobre administração do tempo, administração do peso, administração do pessoal, até administração do couro cabeludo! Mas e a administração de idéias e pensamentos? Administrar o que pensamos não deveria receber a mesma atenção que qualquer outro tipo de administração.

"administração de idéias"
uma idéia interessante!

Tudo posso naquele que me fortalece.

Filipenses 4:13

UM MILHÃO EM SUA CONTA

Deus estava *com* Adão e Eva, andando com eles no frescor da tarde.

Deus estava *com* Abraão, chamando o patriarca de seu amigo.

Deus estava *com* Moisés e os filhos de Israel. Os pais podiam direcionar seus filhos para o fogo durante a noite e para as nuvens durante o dia; *Deus está conosco,* asseguravam.

Ele estava *com* os apóstolos. Pedro podia tocar a barba de Jesus. João podia assistir ao sono de Deus. Multidões podiam ouvir sua voz. Deus estava com eles!

Mas ele está *em* você. Ele fará o que você não pode fazer.

Imagine um milhão de dólares sendo depositados em sua conta-corrente. Para qualquer observador, você parece o mesmo, exceto pelo sorriso bobo; mas você é o mesmo? De forma alguma! Com Deus *em* você, está em posse de um milhão de recursos que não tinha antes!

Não consegue parar de beber? Cristo consegue. E ele mora em você.

Não consegue parar de se preocupar? Cristo consegue. E ele mora em você.

Não consegue perdoar o canalha, esquecer o passado ou largar os maus hábitos? Cristo consegue! E ele mora em você.

Não há um só momento
que não seja **SAGRADO**!...

por anos compreendi Deus como um CEO compassivo enquanto me colocava no papel de gerente de vendas leal. Ele tinha seu ofício e eu tinha meu território. Eu podia entrar em contato com ele quantas vezes eu quisesse. Ele sempre estava a um fax ou um telefonema de distância. Ele me encorajava, corria atrás de mim e me apoiava, mas não ia comigo. Pelo menos eu não achava que ele ia. Então eu li 2 Coríntios 6:1: Nós somos "Cooperadores de Deus".

Cooperadores? Co-operários? Deus e eu trabalhamos em conjunto? Imagine a virada de paradigma que esta verdade acarreta. Em vez de relatar nossas conquistas a Deus, nós trabalhamos com Deus. Ao invés de nos apresentarmos a ele para depois ir para casa, nós nos apresentamos com ele e então o seguimos. Nós sempre estamos na presença de Deus... Não há um só momento que não seja sagrado.

olho nenhum viu, ouvido nenhum ouviu, mente nenhuma imaginou o que Deus preparou para aqueles que o amam.

1 Coríntios 2:9

Tente isto. Imagine um mundo perfeito. Seja lá o que isto signifique para você, imagine. Isto significa paz? Então visualize a tranqüilidade absoluta. Um mundo perfeito inclui alegria? Então crie a sua maior felicidade. Um mundo perfeito terá amor? Se sim, pondere um lugar onde o amor não tenha limites. Seja lá o que o céu signifique para você, imagine-o. Fixe-o firmemente no pensamento e se delicie nele. Sonhe com ele. Anseie por ele.

E então sorria enquanto o pai lhe lembra: *Ninguém jamais imaginou o que Deus preparou para aqueles que o amam.*

Quando chega o momento de descrever o céu, todos nós somos alegres fracassos.

sabemos que, quando
ele se manifestar,
seremos semelhantes a
ele, pois o veremos
como ele é.

1 joão 3:2

quando você chegar ao céu... algo maravilhoso irá acontecer. Uma transformação final irá ocorrer. Você será como Jesus.

De todas as dádivas do céu, uma das maiores será você! Você será o *magnum opus* de Deus, sua obra-prima. Os anjos irão engasgar. O trabalho de Deus estará completo. E, por fim, você terá um coração como o dele.

Você irá amar com um amor perfeito.

Você irá cultuar com o rosto radiante.

Você irá ouvir cada palavra que Deus proferir.

Seu coração será puro, suas palavras serão como jóias, seus pensamentos serão como tesouros.

Você será como Jesus. Você irá, por fim, ter um coração como o dele.

BIBLIOGRAFIA

Os textos desse livro foram originalmente publicados nas seguintes obras:

p. 27, 77, 120, 143, 149, 155. *Quando os anjos silenciaram*. United Press, 1999.

p. 21, 128. *Aplauso do céu*. United Press, 2002.

p. 23, 38, 47, 71, 81, 85, 164, 176. *Quem tem sede venha*. CPAD, 2006.

p. 89, 163, 169. *Ele escolheu os cravos*. CPAD, 2002.

p. 28, 36, 99, 139. God came near [Deus se aproximou]. W Publishing Group, 2003.

p. 65, 125, 150. *Ouvindo Deus na tormenta*. CPAD, 2003.

p. 10. *Nas garras da graça*. CPAD, 2005.

p. 173, 175, 181, 183, 184, 188, 191. *Simplesmente como Jesus*. CPAD, 2006.

p. 12, 14, 43, 45, 53, 54, 57, 61, 95, 103, 105, 141, 142, 147, 157, 179. *Um amor que vale a pena*. CPAD, 2003.

p. 17, 33, 49, 91, 113, 116, 132, 135, 159, 167, 186. *O Salvador mora ao lado*. CPAD, 2005.

p. 31, 69, 93, 101, 107, 111, 119, 127, 130. *Aliviando a bagagem*. CPAD, 2006.

p.189. *Quando Deus sussurra o seu nome*. CPAD, 2004.

Este livro foi composto em Adobe Garamond 12/18 e impresso pela LisGráfica sobre papel Couchê fosco 115g para a Thomas Nelson Brasil em agosto de 2008.